Milly & Coco

For Matilda,
Hope you enjoy the book,
Lots of love,
Em & Alex

Matilda,
Hope that you think Coco & Milly,
are nice, and a little bit silly!
Alex MacDonald, 2021

MILLY & COCO

ISBN: 9788418683183
ISBN e-book: 9788418683695

Impreso en España • Unión Europea
Primera edición: 2021

Milly & Coco

Alex MacDonald

mr.momo

Para Alba

Snoring softly,
Milly the mouse
is about to wake up in
her snug, little house.
She would have liked
to sleep some more,
but someone is shouting
"Coco!" outside her front door.

Milly, la pequeña ratoncita,
duerme tan a gusto
en su casita.
De repente,
algo la despierta.
Están gritando «¡Coco!»
al lado de su puerta.

12
9
3
6
OF MICE AND MEN
A Tail of Two Cities
The Mouse of Venice
The Mousetrap
The Three Mouse-keteers
Cheese in the Time of Cholera
The Taming of the Shrew
Gnaw-wegian Wood
(Tokyo Bites)
War and Cheese
I, RODENT
THE RAT
Far From
El Ratoncillo de
Sophie's Cheese
Don Quesote de la Mancha

Sleepily, Milly pokes out her head
and yawns "What got me out of bed?!"
What a fright! Milly turns pale,
when she sees it's a cat eating a rat's tail!

Medio dormida, asoma la cabeza.
«¡¿Quién me ha despertado?!»,
Milly bosteza.
¡Qué susto! ¡Es una gata!
¡Comiendo la cola de una rata!

Did you give Coco your spaghetti?
¿Le has dado a Coco tus espaguetis?
COCO

OF MICE AND MEN
A Tail of Two Cities

Milly knows that cats aren't nice.
They chase and catch and eat little mice.
They were in the stories her mummy read,
before saying "Sweet dreams little mice,
now to bed."

Milly sabe que los gatos son matones,
que persiguen, cogen y comen ratones.
Así eran en sus cuentos favoritos,
que su mamá les contaba cuando eran
pequeñitos.

The next day Milly's tummy is rumbling,
but outside the cat is eating something.
She tries to read what it says on the side.
“M...O...U...S....MOUSE!!!” she cries, terrified.

Al día siguiente, Milly dice «¡Hoy salgo!».
Pero ahí está la gata comiendo algo.
¿Qué es? Milly intenta leerlo.
Dice... «¡”Mouse”! ¡”Ratón”! ¡No puedo creerlo!».

Don't give Coco your pudding, dear!
¡No le des a Coco tu postre, cariño!
MOUSSE

If Milly could read a bit better,
she'd know that 'MOUSE' has one less letter.
It wasn't a rodent, as to Milly it did seem,
but a dessert of chocolate, egg and cream.

Si Milly leyera inglés como lo habla,
sabría que «mouse» (ratón) es otra palabra.
Era «mousse» lo que comía la gata,
un postre de chocolate, huevo y nata.

Milly thinks "What can I do?
If I go out, she'll eat me too!
In my house, I'll have to stay,
until the feline has gone away."

Milly piensa «¿Qué voy a hacer?
Si salgo, el felino me
va a comer.
Espero que no pase mucho rato
hasta que se vaya ese gato».

COCO

The next morning, the moment's right.
for Milly to look for a breakfast bite.
Under the table she finds cheese and bread.
But wait...What's that noise above her head?

Por la mañana, es un momento oportuno,
cuando no está la gata, para buscar el desayuno.
Debajo de la mesa hay pan y queso,
pero oye un ruido arriba. ¿Qué es eso?

Curious, to the table she climbs,
and smiles when she sees the surprise.
It's the cat, distressed in a box.
trapped by the lure of Yummy Pops.

Curiosa, sube a la mesa
y sonríe al ver la sorpresa...
Es la gata, desesperada.
Parece que está atrapada.

What would you do if YOU saw
the cat stuck?
Stick out your tongue? "Rassssp!
Rotten Luck!!!"
But not Milly, she feels
bad for the cat.
And thinks, "I can't leave her
here like that."

¿Y si tú fueras Milly qué harías?
¿Sacar la lengua? ¡Pzzzzzz!
¿Te burlarías?
Pero Milly no. No es así.
Ella piensa «No puedo
dejarla aquí».

YUMMY
Pops

Although Milly is filled with doubt,
she decides to help the cat out.
Tugging hard to get her free,
Milly hopes she'll have time to flee.

Aunque Milly vacila y duda,
decide que la gata necesita ayuda.
Con toda su fuerza la intenta sacar,
y espera luego poder escapar.

But for poor Milly, it's too late.
She's been caught and there's no escape.
The cat smiles, opening her whole mouth.
"What a relief!" she says, "At last, I'm out!"

¡Pero demasiado tarde! ¡La tiene cogida!
Para la pobre Milly no hay salida.
La gata sonríe. ¡Abre la boca entera!
«Qué alivio», dice, «¡por fin estoy fuera!».

"Please don't eat me!"
begs Milly....

«¡No me comas, por
favor!», Milly suplica...

..."What?" says Coco, "Don't be silly!

"I'm not going to eat you!"
exclaims Coco.
"I'm not like other cats.
No, no, no!"
"I'm vegetarian. I don't eat meat!
It's pasta, puddings and
veggies I eat."

«¿Qué? ¡No seas ridícula!

¡No te pienso comer!»,
exclama Coco.
«No soy como otros gatos.
¡Ni un poco!
Soy vegetariana. ¡No como animales!
Me gusta comer pasta, postres y
vegetales».

"I don`t believe you." says Milly. "No way!
Because I saw you eating tails the other day!"
"Eating tails?" says Coco, "A few days ago?
No! That was spaghetti with tomato!"

«Pues este ratón», dice Milly, «no se fía.
Porque te vi comer una cola el otro día».
«¡¿Una cola?!», dice Coco. «¡Qué disparate!
Eran espaguetis con tomate».

Milly insists “Then you ate mouse in a pot!”
“You mean mousse?!” says Coco, laughing a lot.

Milly insiste: «¡Y luego mouse... en un envase!».
«¡¿Quieres decir mousse?!».
Coco empieza a carcajearse.

“Come, try some.
It’s very good.
There’s more in the fridge,
and other food!
Don’t be scared,
I’m really quite nice.
I promise I would never eat
any mice!”

«Ven, pruébalo.
Está muy bueno.
Y hay más en el frigorífico.
¡Está lleno!
Soy bastante maja.
No hay nada que temer.
Te lo prometo: un ratón
nunca podré comer».

Later, on the sofa, happily
munching together,
Coco said “A toast! To friends
forever!”
Milly raised a paw and said,
“Cheers to that!”
And was very glad to have met
Coco the Cat.

Luego, en el sofá, comiendo
felizmente,
Coco dijo «¡Un brindis! ¡Amigas
para siempre!».
«¡Chinchín!», dijo Milly,
y brindó con una pata,
contenta de haber conocido
a Coco la gata.

ALEX MACDONALD

Nacida en Londres (1978), de padre inglés y madre española, de quienes heredó su pasión por el arte y la literatura.

Es graduada en Genética y ha trabajado mucho tiempo como científica.

Con veintinueve años decidió seguir el ejemplo de su madre y dejar su país natal para empezar una nueva etapa en España. Actualmente vive felizmente en la sierra de Madrid con su marido, dos niños, un perro y un gato. Es una familia bilingüe, que la ha inspirado para escribir este cuento en ambos idiomas.

También ha trabajado como profesora de inglés. Esta experiencia, junto con criar a dos niños bilingües, le ha mostrado la importancia de introducir el inglés desde la base. Con este cuento infantil espera fomentar el aprendizaje para familias bilingües como la suya o simplemente para aquellas que quieren que el inglés forme parte de las lecturas cotidianas de sus hijos.

THE END

FIN

WHO ATE ALL THE MOUSSE?!!
¡¿QUIÉN SE HA COMIDO TODO EL MOUSSE?!
MOUSSE

MOUSE